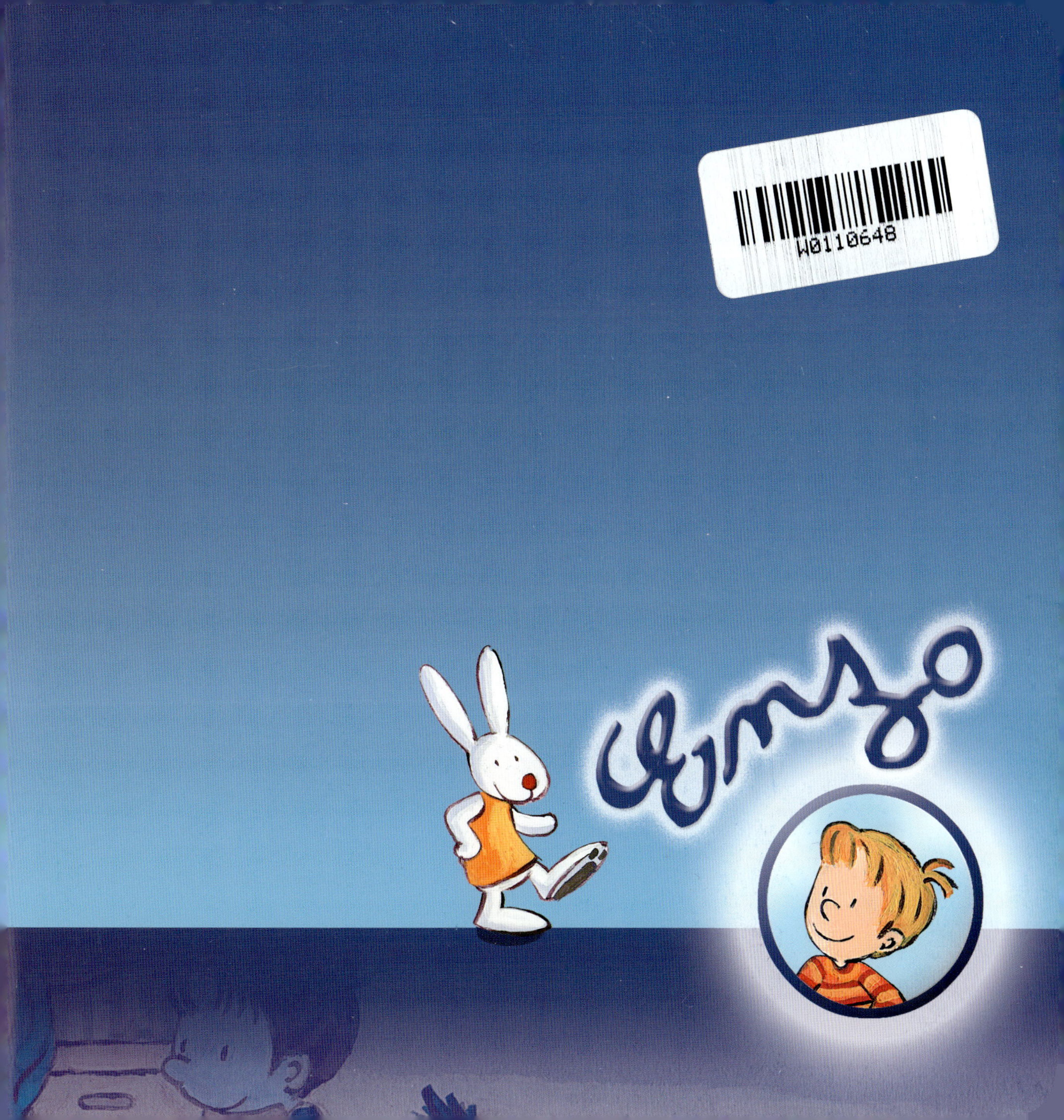

Enzo apprend à nager

Histoire originale : Christian Tielmann
Illustrations : Sabine Kraushaar
Adaptation : Annie Murat

Piccolia

Papa a installé la piscine gonflable dans le jardin pour Pauline et Enzo. Théo, le grand frère d'Enzo est étendu dans l'herbe. Cette minuscule piscine le fait bien rire. Lui, Théo, il sait nager. Il a même son brevet de natation. Et comme d'habitude, il se moque de son petit frère qui barbote dans l'eau.
« Tu ne sais même pas nager ! » dit-il.

Cette fois-ci, Enzo en a assez d'entendre son frère se moquer de lui. Il a décidé de s'inscrire à la piscine. Maman est justement en vacances, elle aussi. Elle accompagnera Enzo tous les jours.
La dame de l'accueil donne à maman une clé pour leur cabine et un bracelet à chacun.

D'habitude, Enzo vient à la piscine avec son frère Théo, ou avec son papa. Alors aujourd'hui, un peu inquiet, il se demande s'il doit aller se déshabiller tout seul dans le vestiaire des garçons. Mais maman lui dit :
« Reste avec moi. Nous allons prendre une cabine pour tous les deux. »
Enzo enfile son short de bain et maman son joli maillot rouge. Puis ils suspendent leurs vêtements à des cintres et direction la piscine.

« Hop, hop, hop, jeune homme ! La douche d'abord ! » dit maman en enlevant son maillot.
Enzo n'a jamais compris pourquoi il fallait se laver avant d'aller dans l'eau, mais bon... puisqu'il le faut, allons-y !
Ensuite, maman lui met les brassards et plouf ! Dans le petit bain !

Sur le bord de la piscine, il y a un petit garçon qui n'ose pas se mettre à l'eau. Son papa lui dit alors en désignant Enzo qui nage près de lui : « Regarde, tu vois, lui, il n'a pas peur ! »
Enzo appelle le petit garçon : « Allez viens ! Ici tu as pied. »

La maman d'Enzo s'est mise à l'eau et elle lui donne des conseils.
« C'est bien, Enzo. N'oublie pas de respirer. Et ne sors pas trop la tête de l'eau. Tu ne risques rien, puisque tu as des brassards. Allez, inspire... expire... Bravo ! »

C'est bientôt les grandes vacances alors papa a apporté une surprise à ses garçons, en prévision de la plage : des animaux gonflables pour jouer dans l'eau. Un grand dinosaure pour Théo, et un requin pour Enzo.

« Dommage qu'on ne puisse pas les emmener à la piscine ! » soupire Enzo.

- Mais bien sûr que si. Justement, samedi, une fête y est organisée pour les enfants. On peut y venir avec des jouets flottants. »

Il y a tellement d'enfants avec leurs bouées de toutes les formes et de toutes les couleurs qu'on peut à peine bouger dans l'eau ! Enzo essaie de rester en équilibre sur son requin !

Il y a maintenant une semaine qu'Enzo vient s'entraîner à la piscine tous les jours avec sa maman. Et hier, il a enlevé les brassards. Miracle ! Il flotte ! Et même, il avance ! Maman nage derrière lui pour le rassurer et le maître-nageur le surveille depuis le bord.

« Bravo Enzo, dit le maître-nageur. Tu as très vite réussi. Maintenant que tu sais nager, il faut appendre à mettre la tête sous l'eau. Allez, plonge ! Non, non, pas dans le petit bain, dans le grand ! »

« Et maintenant, tu vas aller chercher cet anneau au fond du bassin. Retiens bien ton souffle. Quand tu sauras faire ça, tu seras presque prêt pour passer ton brevet de natation. »

« Encore une chose, mon petit ami, dit le maître-nageur. Il ne suffit pas de savoir nager pour passer son brevet de natation. Il faut connaître un certain nombre de règles. Les connais-tu ?
- Oui, monsieur. Je ne dois jamais me baigner juste après le repas. Je pourrais avoir une hadro... hudro...
- Une hydrocution, reprend le maître-nageur. Bien. Et puis ? »
Enzo réfléchit. « Ah oui ! Il faut se doucher avant d'entrer dans la piscine. » Ouf ! Il a failli oublier !
Alors le maître-nageur lui remet son diplôme et lui serre la main.

Il n'est pas peu fier, notre ami Enzo ! Maintenant, tout le monde, dans la famille sait nager. Et Théo ne se moquera plus de lui.

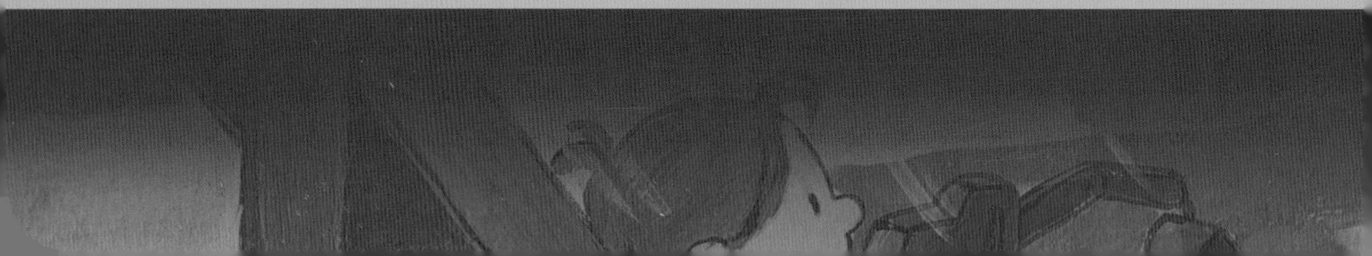